Adalbert Merx

Türkische Sprichwörter ins Deutsche übersetzt

Adalbert Merx

Türkische Sprichwörter ins Deutsche übersetzt

ISBN/EAN: 9783743316805

Hergestellt in Europa, USA, Kanada, Australien, Japan

Cover: Foto ©Thomas Meinert / pixelio.de

Manufactured and distributed by brebook publishing software
(www.brebook.com)

Adalbert Merx

Türkische Sprichwörter ins Deutsche übersetzt

TÜRKISCHE SPRICHWÖRTER

INS

DEUTSCHE ÜBERSETZT

VON

A. MERX

VENEDIG

ARMENISCHE DRUCKEREI

AUF DER St. LAZARUS INSEL.

1893

ALPHABET

FORM			NAME
Ա	*ա*	ա	aip
Բ	*բ*	բ	pen
Գ	*գ*	գ	kim
Դ	*դ*	դ	ta
Ե	*ե*	ե	yetsch
Զ	*զ*	զ	sa
Է	*է*	է	e
Ը	*ը*	ը	yet
Թ	*թ*	թ	to
Ժ	*ժ*	ժ	j (*franz.*
Ի	*ի*	ի	i
Լ	*լ*	լ	liun
Խ	*խ*	խ	ché
Ծ	*ծ*	ծ	dza
Կ	*կ*	կ	gen
Հ	*հ*	հ	ho
Ձ	*ձ*	ձ	tza
Ղ	*ղ*	ղ	ghad
Ճ	*ճ*	ճ	g (*ital.*)

FORM			NAME
Մ	*r*	*ſ*	men
Յ	*J*	*,*	hi
Ն	*ն*	*ն*	nu
Շ	*շ*	*շ*	scha
Ո	*n*	*o*	wo
Չ	* չ*	*չ*	tscha
Պ	*պ*	*պ*	be
Ջ	*ջ*	*ջ*	tsché
Ռ	*ռ*	*–*	ra
Ս	*u*	*.*	se
Վ	*վ*	*վ*	vev
Տ	*տ*	*ֆ*	diun
Ր	*ր*	*ր*	re
Ց	*g*	*,*	tzo
Ւ	*ւ*	*–*	hiun
Փ	*փ*	*փ*	piur
Ք	*ք*	*+*	khé
Օ	*o*	*o*	o
Ֆ	*ֆ*	*ֆ*	fe

1

Էլ շագանբ՝ քեսլիւ շագանբ։

Ein grober Knuff gilt dem Bauern als
Scherz.

2

Արայա կիաեն փարայա կիաեր։

Wer als Vermittler eintritt, wird in Stücke
gerissen.

3

Դբրբնը տեոյմեյեն՝ տիզինի տեոյեր։

Wer seine Tochter nicht zur Zeit schlägt,
schlägt einst seine Knie.

4

Դէնիզէ դիւշէն՝ եըլանա սարըլըր։
Wer in die See fällt, der greift nach der
Schlange.

5

Ալանա սիւկիւսինէկ սազ օլըր, ալմայանա տա-
վուլ զուռնա ազ օլըր։
Für den, der etwas bekommt, ist ein Mu-
ckensummen Musik, für den, der nichts
bekommt ist Trommel und Pfeife zu wenig.

6

Տիլին քեմիյի եոխ, սէօյլէր։
Die Zunge hat keinen Knochen, sie spricht

7

Շարապ քեպապ հայ հայ, հիսապ քիթապ
վայ վայ։
Wein und Braten, ah, ah; addieren und
quittieren oh, oh!

8

Ալչախ էշէկ՝ պինմէսի գօլայ։
Ein niedriger Esel ist leicht zu reiten.

Ազդ աղ ձէ՝ դարա կիւն իցին տիր:
Das weisse Geld ist für schwarze Tage.

10

Sոզրու սեojեjենին սիր այադը հoզենկիան
կերեք:
Wer die Wahrheit sagt, der habe einen
Fuss im Steigbügel.

11

Յեղեjե հեր կիւն պայրամ:
Dem Narren ist jeder Tag Festtag. (Bai-
ram.)

12

Գorդան եվkատըն անատը ողutամամըշ:
Die Mutter eines feigen Sohnes hat nicht
geweint.

13

Uարպ սիրքե դապընա պարար տըր:
Scharfer Essig ist dem Gefässe schädlich.

14

Քեor կուշուն եռվասրնը թանդրը եա_
վար:
Des blinden Vogels Nest baut Gott.

ՔՆանեմետայից ելի էոփ աւ աննընա դ։
Die Hand, die nicht abzuschneiden ist,
küsse.

16

Պազշեշ վերիեէն աթըն տիշինէ պազըլմազ։
Dem geschenkten Gaul besieht man die
Zänbe nicht.

17

Քենտի տիւշէն աղլամազ։
Wer von selbst fällt, der weint nicht.

18

Աշէմ էլէն օլան տիւյիւն՝ պայրամ տըր։
Ein öffentlicher Hochzeitszug ist ein Festtag.

19

Ջամիյէ լազըմ օլան՝ մեսճիտէ հարամ տըր։
Was für die Moschee nöthig, ist für das
Bethaus verpönt.

20

Աճ այը օյնամազ։
Der hungrige Bär tanzt nicht.

21

Հէր գուշուն էթի էէնմէզ:

Nicht jedes Vogels Fleisch wird gegessen.

22

Սաղըր նէ իշիթմէզ ույտուրուր:

Was der Taube auch hören mag, er reimt
sich's zusammen.

23

Հէր շէյ ինճէլիքտէն, ինսան գալընլըգտան
գըրըլըր:

Jedes Ding bricht wegen seiner Feinheit,
der Mensch bricht wegen seiner Grob-
heit.

24

Գուրպէթլիքտէ րըսվայլըգ չոխ օլուր:

In der Verwandtschaft wird viel geklatscht.

25

Էօլիյի քէնտինանէ աղլարլար:

Den Todten beweint man an seinem
Tage.

26

Երբէն օյանան՝ պախթլր աղր:

Wer früh aufsteht wird reich.

27

Գաչան պալրդ պեոյիւք օլուր:

Der entwischte Fisch scheint gross.

28

Երլ տեսիյին՝ եըլաըրըմ աղր:

Ein Jahr sagst du, ein Blitz ist es.

29

Աղ վէրէն՝ ճանաան վէրիր:

Wer wenig gibt, gibt ebenso gern.

30

Յուգարէլիք աթեշուէն կեօմլէք տիր․

Armuth ist ein Hemd von Feuer

31

Կեօյաէն նէ եաղմըշքէ՝ եէր գապուլ եթմէ֊
սին:

Was vom Himmel regnet, die Erde nimmt
es auf.

32

Էլ քէսէսինաէն ճէօմէրտլիք:

Aus fremden Beutel freigebig sein.

33

Ադիլ եաշտա տեյիլ՝ պաշտա որր:

Verstand kommt nicht mit Jahren, er sitzt
im Kopf.

34

Ոչ իթին մենգիլի եոգ:

Ein fauler Hund hat kein Absteigequartier.

35

Կեճելեր կեպե որր, քիմ պիլիր նեչէր տո_
ղար:

Die Nächte sind schwanger, wer weiss was
sie gebären?

36

էյեր զեման սանա ույմազսա, սէն զեմանե
ույմալրաքն:

Schickt sich die Zeit nicht dir, schick dich
der Zeit.

37

Մում քէնտինե շշդ վերմեզ:

Die Kerze gibt sich selbst kein Licht.

38

Ղուշա գանատ եիւք տեյիլ որր·
Der Flügel ist dem Vogel keine Last.

39

Օգումագ պիլմէզ, կէօզիւ տէֆտէրտարլըգտա:

Lesen kann er nicht, Obersteuereinnehmer
will er werden.

40

Կէօնիւլսիւզ նամազ՝ կէօյլէրէ անըլմազ:
Gebet ohne das Herz, dringt nicht zum
Himmel.

41

Պին էօլչէ, պիր պիչ:
Tausendmal miss, einmal schneide.

42

Էօլտիւյիւնէ պագմազ, ճoզ աղաճընտան թապութ իսթէր:
Auf den Tod sieht er nicht, einen Sarg von
Nussholz will er haben.

43

Իւզիւմ իւզիւմէ պագարագ՝ գարարըր:
Indem die Traube die Traube anzusehen
fortfährt, wird sie dunkel.

49

Էքապուր կճօզիւ. փերանելլի օլուր։

Das Auge der grossen Herren ist ver-
schleiert.

50

Ինսան դօղդուրղունա պախմազ, օյդուրղունա
պախար։

Nicht darauf schaut der Mensch, wo er ge-
boren ist, sondern wo er genug hat.

51

Մաղրուրուն խասմի՝ ալլահ օլըր։

Gott ist der Feind des Stolzen.

52

Իշթահ անէքիյին՝ տիշ ալթընտա օլըր։

Der Appetit sitzt unter den Zähnen.

53

Եամ սիլա, եամ փարըմնազ գապու։

Entweder in der Heimath, oder im Gefän-
gniss, (nur nicht verbannt).

54

Իյնէ իլէ դույու գազըրմաղ։
Mit der Nadel den Brunnen graben.

55

Եաղմուրեան դաչար իքէն, աոլուրյա բամթ
կելութք:

Dem Regen entfliehend kamen wir zum Ha-
gel zurecht.

56

Sեվեաեն պեոյեք ֆիլ վար:

Über dem Kamel ist immer noch ein Elé-
phant.

57

Արապա գերելոեզեան սօնդրա՝ եոլ կեօսթէ
րէն չոգ օլուր:

Ist der Wagen gebrochen, so gibt es viele
Wegweiser.

58

Իեսան ուՖաոուղունու եեմեզ, պուլաունղու
նու եեր:

Nicht was er hofft isst der Mensch, sondern
was er erlangt.

59

Աձը վաթլիճանա գըրաղը չալմազ:

Die bittere Gurke trifft der Frost nicht.

60

Չերեւեյինէ՝ պիթիւշեդ։

Bevor es nicht hervorkommt, ist es nicht
gewachsen.

61

Քեօրին խաթենլյի՝ եքի կեօզ։

Des Wunsch des Blinden sind zwei Augen.

62

Կիւն՝ տողուշունտան պելլի տիր։

Wie der Tag ist, weiss man, wenn er an-
fängt.

63

Սենի համամճը եդեն՝ պենի տե քիւլհանճը
եդեր։

Dich macht er zum Badeigenthümer, mich
zum Badeofenheizer.

64

Հէր չիչէյին այիրէր գոգուսու օլուր։

Jede Blume hat ihren eignen Duft.

Գաշ եափարբէն՝ կէօղ չրդարմա։
Wenn du die Augenbraue schmückst, reiss
das Auge nicht aus.

71

Ամման տէյէնէ դըլըՐ օլմազ։
Wer Pardon ruft, dem thut das Schwert
nichts.

72

Մալ ճանտան օրրի։
Vermögen ist höher als Leben.

73

Չէքըտըրէյէ կէօրտիւմ, խապէնատիմ. էշէնէ կիր.
տիմ՝ իյրէնատիմ։
Das Äussere (der Galeere) habe ich gesehen
und mich erschreckt, hinein bin ich ge-
kommen und habe sie verabscheut.

74

Յըրսանտը էլդէն դաչըրմամաք։
Eine Gelegenheit lass nicht aus der Hand
gehen.

75

Եթյէն պիւմէզ, աոդրայան պելեր:

Wer isst nicht, wer schneidet weiss was
drauf geht.

76

Գուբա Թիւյիւնիւ աէյիշիր, խույունու աէ_
յիշմէզ.

Der Wolf ändert sein Fell, nicht seine Na-
tur.

77

Մարիֆէթ աէաիյին՝ չէօֆ ալթընատ առբ:

Die Kunst steht oft unter einem Hälmchen.

78

Տէնիզի կէօրմէաէն պաճաղըր ըքոլ սըղւամա:

Bevor du das Meer siehst, streife dir die
Schenkel nicht auf.

79

Յուգարէյէ խըյար վէրմէշէր, էյրի աիր
աէյի պէյէնմէմիշ:

Man schenckte dem Armen eine Gurke; sie
ist krumm, sprach er, und fand sie nicht
schön.

80

Ս՛ինէ՛ք ՛նէ՛ տէր. լաքի՛ն ատամ՛ըն մ՛ինեսի՛նի
պո՛լ՛ան՛ըրրր:

Was ist eine Fliege, — und doch dreht sie
des Menschen Magen um.

81

Ս՛եո՛լ՛եյ՛ե՛նէ՛ պագմա, ս՛եո՛լ՛ետ՛ե՛նէ՛ պատ:
Schaue nicht auf den Redner, schaue auf
das, was ihn sprechen macht.

82

Տ՛աղ տ՛ադա ք՛ի՛ս՛մ՛իս՛, տ՛աղ՛ը՛ն ՛խատ՛եր՛ի ՛եoq:
Der Berg schimpft den Berg, der Berg merkt
nichts davon.

83

Է՛կ՛ե՛ր ՛փ՛ար՛ան ՛վ՛ար ՛ըս՛ա, ՛ա՛դ՛ըա՛ը ՛ս՛ը՛ն. Է՛կ՛ե՛ր
՛փ՛ար՛ան ՛ե՛ո՛դ՛ա՛ս՛ա, ՛ա՛ս՛մ՛ա՛դ ՛ս՛ը՛ն:
Hast du Geld, bist du klug; hast du keins,
bist du ein Narr.

84

Կ՛եո՛մ՛ե՛ք՛ս՛ի՛դ՛ի՛ն ՛կ՛եo՛ս՛ի՛ս՛ն՛ա՛ե՛ն ՛կ՛ի՛ս՛ն՛ա՛ե ՛o՛ն ՛ա՛ր՛շ՛ը՛ն
՛պ՛ե՛դ ՛կ՛ե՛ք՛ե՛ր:
Ohne Hemd geht er von Tag zu Tage an
zehn Ellen Leinwand vorbei.

90

Արածնը քես քի՛ պիր տէյելիմ:

Ist Jemand hinter mir, so bin ich nicht einer allein.

91

Պէն պինէր իքէն՝ եիւք ատ վերալեր կեօ-
թիւր տէի:

Während ich ritt, bepackten sie mein Pferd
und sagten: Bring es hin!

92

Թիւքինին կիտէճէյի՝ քիւրքճիւ աիւքքենանը.

Der Fuchs kommt schliesslich zum Pelz-
händler.

93

Միսաֆիր միսաֆիրի իսթեմեզ, եվ սահապը
հիչ պիրինի:

Der Gast mag den nachkommenden Gast
nicht, der Hausherr verwünscht sie
beide.

94

Կէրէք ապտալ, կէրէք տէրվիշ՝ փարա իլէ պի֊
թէր հէր իշ:

Sei es Mönch, sei es Derwisch, mit Geld
kommt jedes Ding zum Shluss.

95

Էր օրր, ոիւշման գայրէթի:

Eine Schande ist's, so wünscht's der Feind.

96

Զուհայը կիյմէմիշիմ ամմա, քէնարընը թա֊
գընմըշըմ:

Ich habe kein Kleid an, aber ich hänge an
fremder Schleppe.

97

Տէվէ պոյնուզ արամայա կիթմիշ՝ գուլա֊
ղընը գայըպ էթմիշ:

Das Kamel ging aus Hörner zu suchen und
verlor seine Ohren.

98

Տիւքքեանշըրնըն պիր այագը գըրրդ կէրէք:

Ein Kramladenbesitzer muss einen Fuss
lahm haben.

Տոտ պաշ պագար, ախչման այագա։
Der Freund blickt auf den Kopf, der Feind
auf den Fuss.

100

Ձուկդ պաշտան գօգար։
Der Fisch stinkt zuerst am Kopfe.

101

Հատտար արապայ լլան։
Der Kranke nimmt einen Wagen.

102

Խաթէյէնին ապիր երեղիւ գարա, վէրմէյէնին
երի երեղիւ։
Der Bittsteller hat ein schwarzes Gesicht
(eine Schande) der Abweisende hat zwei.

103

Էրըքտան ըրղընը սաթըն ալ։
Erkaufe Achtung vor dem Acthungslosen.

104

Փարայը վճրէն՝ տիւտիւյիւ շալար։

Wer's bezahlt spielt die Flöte. (erlangt sein
Vergnügen).

105

Քեոր քեորէ ճըրթ տեսիշ։

Der Blinde schilt den Blinden.

106

Սագալըմ թութուշմուշ, շուպուզումու եա
գայըմ տէր։

Mein Bart brennt; — ich zünde dran meine
Pfeife an, sagt jener.

107

Չէր հոփունա պիր հոփ։

Eine Liebe für jede Liebe. (Eine Liebe ist
der andern werth).

108

Տէյիրմէն իքի թաշտան, մուհապպէթ իքի
պաշտան։

Zur Mühle gehören zwei Steine, zur Liebe
zwei Herzen.

109

Uեզլէանէն՝ աեօզ օլուր, աեօյլէմէանէն աեըտ
օլուր:
Redest du, so gibt es Streit, redest du nicht,
so drückt es dich.

110

Զօր բլան կիւզէււկք օլմազ:
Gewalt brauchen ist keine Schönheit.

111

Եկլքենի սուատա տըլլ:
Das Segel ist im Wasser.

112

Հասթայա տեւօշէք մի սօրարսըն:
Du fragst den Kranken, ob er ein Bett will.

113

Հաքիմ իլէն չեքիմանէն թանըլը գուրթարա.
Gott befreie uns vom Hâkim mitsammt dem
Hêkim (Richter und Arzt .

Սույա սապունա տոգանմմաց։
Er berührt weder Wasser noch Seife.

Կէլէն եանկրնաան վերանէսի վար։
Von der vergangnen Feuersbrunst stammt
    die Verwüstung.

Հեր քես քենոյ էթայլյինի պուլուր։
Jeder findet, was er selbst gemacht hat.
    (ist seines Glückes Schmid).

Հեր նէ էքերասէն՝ օնու պիչերասին։
Alles was du säest, das erntest du.

Հեր գոյունու քենոյ պաձաղրնաան ասար_
լար ։
Jeden Hammel hängt man an seinen eignen
    Beinen auf.

119

Մարդ տեսնէլ, համամ գուպպեսի. Հեր նէ
տեսնէն՝ օ սեսի շրդարբր:

Ein Mensch ist er nicht, sondern ein Bad-
stubengewölbe; alles was du sagst, dessen hallt er wieder.

120

Տէրալէ սեցլէյէն օլուբ:

Wer Schmerz leidet wird mittheilend ge-
sprächig.

121

Փապուձունու տամա աթորբլար :

Selbst seinen Pantoffel haben sie auf das
Dach geworfen.

122

Քիմ եունատու, քիմ Թարատբ, սեօհպէթ
քիմէ եարատբ :

Wer hat gehauen gearbeitet, wer hat ge-
kümmt, und wem hat das Compagnieges-
chäft genutzt? D. h. Einer hat durch die
Mühen des andern gewonnen ohne zu ar-
beiten.

123

Թող՝ աձրն հալիննտէն նէ աղնար:

Was weiss der Satte von des Hungrigen
Gefühl?

124

Ուճուզ էթին շորպաբ տատարզ օլուր:

Suppe von billigem Fleisch ist geschma-
cklos.

125

Էքմէյի էքմէքճիւթէն, էթի գասաապատան:

Brot vom Bäcker, Fleisch vom Metzger!

126

Խըմխըրմ ըլան պուրունսուզ, պերի պերին
տէն ուղուրսուզ:

Wenn einer durch die Nase spricht, und ein
andrer keine hat, da ist eins schlimmer
als das andre.

127

Գանճա պարապար, մանճա պարատապար:

Der Bootshaken gemeinsam, das Essen gemeinsam.

128

Գիրինէ պիր, պէչ տէ զիյատէ:

Giebst du auf *eine* Frage *eine* Antwort, so folgen fünf und noch mehr.

129

Սապր իլան գորուզ շարապ օլուր, Թութ եավրաղը սանտալ:

Mit Geduld wird Most Wein und das Maulbeerblatt Seidenstoff.

130

Նէ սօղանըն թաթլըսը, նէ տօնուզուն պէյյազը:

Welche Zwiebel wäre süss, welches Schwein wäre weiss?

131

Պիզ տէ չըրա սաթմաղա չըգտըգ, այ տա էլք աղշամման տօղտու.:

Wir waren eben ausgegangen Holzstücke zu kaufen, da ging der Mond aus der ersten (Mond) Nacht hervor.

132

Պուլրութատն նէմ գափմա ։

Aus der Wolke nimm die Feuchtigkeit nicht
  fort.

133

Զուրնա իչինտէն փէշրէֆ ։

Aus der Klarinette kommt die Musik. (das
  Vorspiel).

134

Երւզիւ գասսապ սիւնկերի եւէ սիլինմիշ ։

Sein Gesicht ist mit des Metzgers Schwamm
  abgewischt.

135

Թէփէնք սրրրւրճյրա իշարէթ ։

Ein Zeichen mit der Stange die den Laden
shcliesst (mit dem Zaunpfahle).

136

Էվէ գաչան տէլիլերատն տիր ։

Wer in sein eignes Haus flieht, ist ein Narr.

137

Գուլաղը տէլիկ։

Sein Ohr ist ein Loch.

138

Տէմիրի թավըստա տէօյէրլէր։

Man shlägt das Eisen in der Gluth.

139

Դասատապա եաղ գայկըրը, քէչէյէ ճան։

Den Metzger bekümmert das Fett, die Ziege
das Leben.

140

Կեավուրուն ագլը սօնղրատան կէլիր։

Des Giaur (Ungläubigen) Verstand kommt
hintendrein.

141

Ատարբը երվիզինտէն փահալը։

Der Schleier ist kostbarer als das Gesicht.

142

Զէնկինին կեօյնիւ օլունՃա, ֆուգարէնին
Ճանը շըգար:

Bevor dem Reichen der Tag Almosen zu
spenden kommet, entfliegt die Seele des
Armen.

143

ԱզաՃըգ աշըմ, գավկասըգ պաշըմ:
Wenig Nahrung, ein freier Kopf.

144

Մինարէյի չալան՝ գըլըֆըՆը հազըր էտէր:
Wer das Minaret beraubt, hält seinen Sack
bereit.

145

Քէտի նէ քի, պուտատու նէ օլսուն:
So gross die Katze, so gross ist ihre Lende.

146

Գան էյլէ, գանուն էյլէմէ:
Tödte, doch mache kein Gesetz.

147

Էյրի կենմի, աoղրու անջքեր։
Das Schiff geht schief, der Curs geht grade.

148

Իշտէն արթմաղ, տիշտէն արթար։
Durch Mühe wächst es nicht, durch den
Zahn (Sparsamkeit) wächst es.

149

Sաղ տադա գավուշմաղ, ինսան ինսանա գա_
վուշուր։
Der Berg begegnet nicht dem Berge, der
Mensch begegnet dem Menschen.

150

Քել պաշա շիմշիր թարագ։
Für einen haarigen Kopf bildet der Säbel
den Kamm.

151

Աղը շրգաճաղընա՝ կեoզիւ շրգարն։
Wer den Namen ausreisst (schmäht), dem
reiss das Auge aus.

152

Զրդաձագ գան՝ սամարատա գալմագ:

Das Blut, das Ausfliessen soll, bleibt nicht
in der Ader.

153

Կէօղիւ իշտէ՝ գուլաղը ջէրէշտէ:

Sein Auge ist beim Werke, sein Ohr beim
Lärm.

154

Ղարկայը պէօյիւթ քի՝ կէօղ ջըգարմաղա լաղըմ օլուր:

Wer den Raben ernährt, dem hackt er das
Auge aus.

155

Քէնարընա պաք՝ պէզինի ալ, անասընա պաք
գըզընի ալ:

Sieh auf den Rand und nimm das Linnen,
sieh auf die Mutter und nimm die Tochter.

156

Մուֆթ սիրքէ՝ պալատան թաթլը օլըր.

Geschenkter Essig ist süsser als Honig.

157

Ալմա սարը, սաթմա սարը. գափունտա վար_
բառ, գօվ որշարը:

Kauf keinen Rothkopf, verkauf keinen
Rothkopf, steht er in der Thür, wirf ihn
auf die Gasse.

158

Եարամնզ ատամ՝ Եարասըզ օլմազ:
Der Raufbold ist nicht ohne Wunde.

159

Տօսթլուզ գանթար ըլան, ալըշվերիշ մըսգալ
ըլան:
Freundschaft centnerweis, Handel in Lo-
then.

160

Գավլ օյունու աօզար:
Contract verdirbt das Spiel.

161

Գավիըսիզ կիրէն՝ հագսըզ շըգար:
Wer ohne Vertrag hereinkommt, geht ohne
Zahlung hinaus.

162

Ադայլր եոգ, ասօզիւ կեչմեզ ։

Die Stimme des Bartlosen dringt nicht
durch.

163

Պեր վար ըոլը ազշամանան, պիր տե տիւչիւ
պաձատան ։

Einer war gestern Abend da, ein zweiter
fiel vom Dachfenster herein.

164

Գապուլ օլունեմազ տուվայա՝ ամին տենիլ
մեզ ։

Zum Gebete, das nicht erhört wird, sagt
man nicht Amen.

165

Էյեր եվլատըն էյի իսէ՝ մալը նէյլերսին. ե
յեր ֆենայըսա, կենե մալը նէյլերսին ։

Ist dein Sohn gerathen, was brauchst du
Geld, ist er missrathen, was brauchst du
Geld?

Ազր աձըյը այըր, առւ առեձըյը։
Bitter ist gut für Bitter, Wasser für die
Kolik.

167

Փէք եիւրիւսէն՝ սայը տէրլէր, եաւաշ եիւ-
րիւսէն՝ այը տէրլէր։
Gehst du rasch, heisst es der Renner, gehst
du langsam, heisst es, der Bär.

168

Sըշարըրը էլի եաղար, իչէրիսի պէնի։
Äusserlich schlägt er einen Fremden, in-
nerlich mich.

169

Վժըր տէտիլէրսէ՝ էօլտիւր տէմէտիլէր մի։
Da sie dich schlagen hiessen, geboten sie
dir nicht zu tödten.

170

Սէօզ սէօզիւ աչար։
Ein Wort zieht das andre.

171

Իքէ դշիշխ ապաաքնաա ։
Er ist zwischen zwei Schwertern.

172

Իքէ այաղը պիը փապուձաա ։
Zwei Füsse in einem Schuh.

173

Sէնիկաե պալըգ փապար օլմաղ ։
Im Meere ist kein Fischmarkt.

174

Հէր քէս քէնաի շըդաըքնա պագար ։
Ein jeder schaut auf seine Jagd.

175.

Պիը էլ աէա վէըմէղ ։
Eine Hand klatscht nicht.

176

Հայաան կէլէն՝ հույա կիաէը ։
In Saus gewonnen, in Braus zerronnen.

177

Ուր պարտադրէ՝ սու եօլունաա գրբալր :

Der Wasserkrug bricht auf dem Weg zum
Wasser.

178

Ջինկեանէ չերկեսինաէ բրաֆ արամա :

Suche in der Zigeunerhütte keine Blenke.

1.9

Լաֆ ըլան իմարէթ գայնամազ :

Mit Schwatzen bringt man die Garküche
nicht zum Kochen.

180

Ադըլ եըսեըեյի կէօզ նուրունան ֆէնա
աըր :

Den Verstand verlieren ist schlimmer als
das Licht der Augen.

181

Ադըրը աանէմին աղզը եիւրէյինին իչինաէ
աիր . աեըլինին եիւրէյի աղլընըն իչինաէ
աիր :

Des Weisen Mund ist in seinem Herzen,
des Narren Herz in seinem Munde.

182

Աղբար եկպատէն վար բսա՝ նէյներսին մա_
լը. — Աղբուրդ եկպատէն վար բսա՝ կենե
նէյներսին մալը:

Hast du einen verständigen Sohn, was soll
dir Reichthum, und wieder, hast du einen
unverständigen Sohn, was soll dir Reichthum ?

183

Օդ կիւն ապարատր, դարա կիւն՝ դարարատր:
Der helle Tag ist lästig, der trübe Tag Er
holung.

184

Օդ պապայա թաշ աթան օլմազ:
Man wirft keinen Stein nach dem Geier.
(Die Ak-baba, weisser Vater genannte
Geierart, wird ihres hohen Alters wegen
von den Moslimen verehrt).

185

Աղբուրդ ոսթման իսէ՝ ապբար տիւշման
էյէ տիր:
Ein kluger Feind ist besser als ein dummer
Freund.

186

Որ ինչ պաշա սիր ինչ․ ֆիկր ինչ ասնչր
թեֆթինչ, ֆիւշման օլմագըն եթոյին
ինչ։

Beginne ein Werk mit Verstand, mit Über-
legung befrage die Vernunft, dann be-
reuest du das gethane Werk nicht.

187

Ազ ինեյին՝ շող ինր․ շող ինեյին՝ ազ ինր։

Wer wenig isst, isst viel, wer viel isst, isst
wenig.

188

Ազա գանահաթ եթ քի՝ շողր պուլասըն ։

Sei mit wenig zufrieden, damit du viel er-
langst.

189

Ազիկ իլիմ՝ իումուշ ազ տեօշէքտէ եաթմազ ։

Die edle Wissenschaft liegt nicht auf dem
weichen Bette.

190

Ադբասարը վեդաթա վերմիշեր. Հեր քեշ քեն
ոի ազբենա պեյենմիշ։

Man brachte die Geister auf die Auction,
  ein jeder fand seinen Geist am Passend-
  sten.

191

Աղըբնը եկող ապագան՝ գալապալբքտա ֆե-
·ինի գայպ եոեր։

Wer den Kopf zu Hause lässt, verliert im
  Gedränge seine Kappe.

192

Աղ թամահ՝ շոգ զիան կեթիրեր ։

Ein wenig Habsucht bringt grossen Scha-
  den.

193

Աղ սատաքա՝ շոգ գազայը տեֆ եոեր ։

Ein kleines Almosen macht ein grosses Ge-
  richt (das Weltgericht) quitt.

194

Աղ վերէն՝ ձանտան վերիր. շող վերէն՝ մալ֊
տան վերիր:

Wer wenig gibt, gibt von Herzen, wer viel
gibt, gibt von seinem Überfluss.

195

Ազդնը պիւմէյէն՝ շողունու հիչ պիւմէղ:

Wer das Wenige nicht weiss, weiss das
Viele gewiss nicht.

196

Աթա պինէր՝ Աղղահը ունուտուր. աթտան
էնէր՝ աթը ունուտուր:

Aufs Pferd steigt er, Gott vergisst er; vom
Pferd steigt er, das Pferd vergisst er.

197

Աթալար զենահաթը՝ էվլատտա միրաս դալըր:

Der Väter Gewerbe bleibt der Söhne Erbe.

198

Ապէշ այթունու տեներ, այթունա չե_
րատ Xրյր ։

Das Feuer erprobt das Gold, das Gold den
Richter.

199

Ապէշ իլէ փամբյուգ պիր եերատ օլմազ ։

Feuer und Baumwolle verträgt sich nicht
an einem Ort.

200

Ալթուն պիր սարը թոփրագ տըր՝ տիլի եոգ.
լաքին եերատ քի այթուն տիլէ շըգար՝ գու_
սուր տիլլէր սուս օլուրլար ։

Gold ist eine gelbe Erde und hat keine Zunge, doch wo das Gold die Zunge schwei-
gen heisst, da werden alle Zungen still.

201

Ալլահ ինսանը եարաթտըղընտա, գըսմէթինի
տէ պերապէր վէրմիշ տիր ։

Da Allah den Menschen schuf, hat er auch
jedem sein Geschick verliehen.

202

Ալլահ՝ գուլունու հագիմ իլէ հէքիմէ թիւ_
շիւրմէսին :

Allah lasse seinen Knecht nicht in die Hän-
de des Richters und Arztes fallen.

203

Աշէմին կէչտիյի քօփրիւտէն սէն տէ կէչ:

Die Brücke die alle Welt überschreitet,
überschreite auch du.

204

Ալթուն՝ իսսանը էրիտիր․ իսսան տա ալթու_
նու :

Das Gold schmilzt den Menschen, der
Mensch dann das Gold.

205

Ալլահ պիր ատէմին տաղընա կէօրէ գար վէ_
րիր :

Allah sieht den Berg eines Mannes, und
nach dessen Maass gibt er den Schnee.

206

Աստահ պիր գափուլյու գափարսա՝ պիրինի ա_
չար։

Schliesst Gott eine Thür, so öffnet er eine
andre.

207

Աստահ պիր ատամը երգապսա՝ էվվէլ ադլը_
նը, սօնկրա մալընը, սօնկրա ճանընը ալըր։

Wenn Gott den Menschen verdirbt, so nimmt
er zuerst seinen Verstand, dann sein Hab'
und Gut, dann das Leben.

208

Աստահ աօղրուլլը իլէ պէրապէր ուլըր։

Gott ist mit dem graden Sinn.

209

Աստահըն եափթըրըլընը քիմսէ աօզամազ, երգ_
ըրըլընը աա քիմսէ ուխզէմէզ։

Was Allah gebaut reisst Niemand ein, was
Allah zerschlug stellt Niemand auf.

50

210

Աչմա զալեմին ահինի, կէոյաեն էնտիրիր շա-
հինի։
Bring den Seufzer des Vergewaltigten nicht
über dich, er zieht den Königsfalken vom
Himmel herunter.

211

Ահեսաե ահեսաե, պիւլպիւլ էoթեր գաֆեա-
աէ։
Allmälig singt die Nachtigal auch im Bauer.

212

Ահձէն վար իսէ՛ հէր քեզ սեՆին գուլուն
որբ, ահձէն եող իսէ՛ սոզագ սեՆին եո-
լուն որբ։
Hast du Geld, dient dir alle Welt; hast du
keins, ist die Gasse deine Strasse.

213

Աղլամայան շoձուղա սիւտ վերմեղլեր։
Das Kind, das nicht weint, bekommt keine
Milch.

214

Ախրմա քի աճրնաձադ օլմայասին:

Bedaure nicht, damit du nicht bedauert
wirst.

215

Աճրբլր էշէք՝ աթման եիւրիւք օլուր․

Der hungrige Esel ist flinker als ein Pferd.

216

Աճը սեօղ աճը եիւրէքանն կէլիր:

Ein bittres Wort kommt aus bitterem Herzen.

217

Աճըն դարնը աօյար, կեօզիւ աօյմազ․

Des Hungrigen Bauch wird voll, sein Auge
wird nicht voll.

218

Աատամ օլանա պիր նասիհէթ, ճուատմա պին
նասիհէթ:

Für den Menschen ein Rath, tausend für
den Aussatz.

219

Աստամ ատամէ լաղըմ օլուր։
Der Mensch ist dem Menschen nöthig.

220

Աստամ վար չէ գարկայը պելպելել իտներ,
ատամ վար չէ պելպելելի գարկա իտներ։
Einer macht den Raben zur Nachtigal, einer
die Nachtigal zum Raben.

221

Գանը գան էլէ իՆՆմազլար, գանը սու էլէ
իՆՆարլար։
Mit Blut wäscht man das Blut nicht ab, mit
Wasser wäscht man Blut ab.

222

Գարանըլըգտա օտուՆ գըրան, Թաշա վուրուր
պալթասընը։
Wer im Dunkeln Holz hakt, schlägt das
Beil gegen den Stein.

223

Գարա խապէր չափուք ելԹիշէր։
Schlechte Nachrichten kommen rasch an.

224

Դարը վար ջի գ՚Ճատրնց կին լ խմեր ։
Es gibt Frauen, die aus ihren Mannern Ro-
sen machen.

225

Դարանըգատ նէ պեւլ ։
Was weiss man in der Dunkelheit.

226

Քիւչիւք գարքնՃանրն գարա Թաշ իւպերիննէ
կէպոււյինի կէօրիւր րապպ ։
Die kleine Ameise, die auf einem schwar-
zen Steine kriecht, sieht Gott.

227

Դարը իննանրն շէյԹանր ու ր ։
Das Weib ist des Mannes Satan.

228

Դարատաշրնա պըլրնը աշմա, կիւն օրուր ժի
տիւշման օլա ։
Dein Geheimniss eröffne auch deinem Bru-
der nicht, es kommt ein Tag, dass er dein
Feind ist.

229

*Գարկուզ քենած իլէ իրէք սօղումաղ, եէ
մէլի։*

Vom Schneiden der Wassermelonen wird
das Herz nicht erfrischt, man muss sie
essen.

230

Գավկատա եումյուկ սայրըլմաղ։

Beim Crawall wird ein Faustschlag nicht
gerechnet.

231

Գըրդ ճէվլիզ կէօրմէյինճէ թաշ աթմամ։

Wenn ich nicht vierzig Nüsse sehe, werfe
ich keinen Stein.

232

*Գըլավուզուն գարկա օլուրսա, աւլա չրգմաղ
պուրնուն պօգտան։*

Ist der Rabe dein Führer, so kommt deine
Nase nimmer aus dem Kothe.

237

Գուսուքսուզ տօսթ արային՝ տօսթսըզ գա֊
լըր։

Wer einen Freund sucht ohne Fehler, bleibt
ohne Freund.

238

Գուրու աղաճտան եէմիշ ումմաք։
Das heisst: Von einem dürren Baume Frucht
hoffen.

239

Գուրալարըն էօլմեսի դօյունլարա սաղըլըգ
տըր։
Der Wölfe Tod ist für die Schafe Leben.

240

Գօյ վեր սէրհօշու՝ քէնտի պաշընա եըրդըլ֊
սըն։
Lass den Betrunknen los, mag er am eignen
Kopfe verletzt werden.

245

Եալանճըներն էկի եանմըՙ քիմնէ ինանմամըչ:

Des Lügners Haus war verbrannt, Niemand
hat es geglaubt.

246

Եաղմուրլու կիւնաէ թավուգլարա սու վէ.
րէն շող օլուր:

An einem Regentage, wie viele spenden da
den Hühnern Wasser!

247

Եայանլըք աթլըան էյի տիր տերլէրսէ, իւ
նանմա:

Sagt man, zu Fuss gehn sei besser als Reiten, so glaub'es nicht.

248

Եավրու գուշուն էուվասընը եափան Ալլահ
աըր:

Der dem eben dem Ei entschlüpften Vög-
lein das Nest macht, ist Gott.

249

Եթէմեյէ՛ նէ՛ աեմէ։
Ist nur Speise da, sage nicht: Was ist es?

250

Եարասրնրն իւզերինէ Թուզ պիպէր էքէր։
Er streut Salz und Pfeffer auf seine Wunde.

251

Եարարաա եաֆու, եապամացաա գաֆու։
Ist es dir nützlich, so nimm's in's Haus,
  wenn nicht, so wirf's zur Thür hinaus,

252

Եաքընէի գապաան իսէ պէոյիւնէի Թամուք
էյի աիր։
Das Huhn von heute ist besser als die Gans
  von morgen.

253

Եայրնրզ աիր էլ էոթմէզ։
Eine einzelne Hand gibt keinen Ton.

254

Եհշիլ եափրաղը՝ գարա թօփրագ եաէն ին‐
սան օղր։

Der Mensch macht schwarze Erde aus dem
grünen Blatte.

255

Տուվարըն գուլաղը վար, րիւզկեարըն սէսի
վար։

Die Wand hat Ohren, der Wind hat eine
Stimme.

256

Եհրին իսաթիւ վար բսա, ալթը տա վար։
Hat die Erde ein Oben, so hat sie auch ein
Unten.

257

Եըզըրմըշ տիւնեայէ թէմէլ մի արագաճաք‐
սըն։

Willst du für eine zerstörte Welt einen
neuen Grund legen?

258

Երգմա ախերին էվինի, եդգարլար սէնին է վինի:

Zerstöre nicht eines Andern Haus, sonst zerstört man dein Haus.

259

Երլատ որմայան՝ կիւնտէ որուր:

Was im Jahre nicht kommt, das kommt in einem Tage.

260

Երրթըճը դուշուն էօմիւ դրատ որուր:

Raubvögel leben nicht lange.

261

 Էիւզդէն էրրագ օլան, կէօնիւլդէն տախի էրրագ օլուր:

Wer fern ist vom Auge ist fern vom Herzen. Aus den Augen aus dem Sinn).

262

Իւ վէքթէն էիւրէյէ եօլ վար:

Herzen zum Herzen gibt es einen
g.

263

 Երիզիւ տօսթ, դալցի խայըն տտեճմէն Աւ
լահ սաղլասըն։

Vor dem Menschen mit Freundesgesicht
und Verrätherherzen bewahre uns Gott.

264

Իզիւմի ե է տէ պաղըն ը սորմա։

Iss die Traube, frag nicht nach dem Wein-
berg.

265

 Երիխմեյիլէ ճոլ թիւքէնիր։

Mit dem Gehen kommt der Weg zu Ende.

266

Երիր ատ քէնտի եէմինի արթըրըր։

Ein muthiges Ross mehrt sein Futter selbst.

267

Եումուրթայը նէրատ եումուրթլաաըն ըսա,
եէմի տէ օրատա ե է։

Wo du dein Ei gelegt hast, da friss auch
dein Futter.

268

Ձարար՝ քեարբն օրթագր արր։
Verlust ist des Gewinnes Genosse.

269

Քեենահաթ՝ պիւենէ չեօփ ալթընաա արր, պիւ
մեյէնէ տաղ ալթընաա արր։
Für den Kundigen steht die Kunst unter
einem Hälmchen, für den Unkundigen
unter einem Berge.

270

Քեենկին տիւշէր, գապա արր տեէրլէր. ֆուքա֊
րէ տիւշէր՝ սեէրհօշ արր տեէրլէր։
Fällt ein Reicher, heisst's ein Unfall, fällt
ein Armer, heisst's er ist betrunken.

271

Քեենկին արապասընը տաղման աշըրըր. ղի֊
յիւրա՝ տիւզ օվատա հաշըրըր։
Der Reiche lenkt seinen Wagen vom Berge
herunter, der Arme verirrt sich auf ebe-
nem Felde.

272

Չէնկինէ մալ վերէն՝ տէնիզէ սու աճօքէր:

Dem Reichen Geld schenken, heisst Wasser
in's Meer giessen.

273

Չիւկիւրաւլիք չէնկինլիքտէն էյի տիր տէրլէր֊
սէ ինանմա:

Sagt man dir, Armuth sei besser als Reichthum, so glaube es nicht.

274

Էլ իչին աղլայան՝ կէօզսիւզ գալըր:

Wer über das weint, das ihm nichts angeht,
der wird blind.

275

Էլ իչին գույու գազըյան՝ քէնտի ուիշէր է֊
չինէ:

Wer andern eine Grube grabt, fällt selbst
hinein.

276

Էլ իֆիսյէն գույույա կիրէն, եարը եօլատա
գալըր:

Wer mit dem Seile eines Andern in den
Brunnen steigt, bleibt auf halbem Wege
hängen.

277

Էկէր քեշէյի Թանրմագ իմթերաէն, ահպա_
պէն քիմ աիր անյի սահվալ էյէ:

Willst du Jemand kennen, frage: Wer sind
deine Freunde.

278

Էյլէք գարբինի սիկմեգէն, պարի քէոթիւ_
մաք էթմէ:

Vermagst du nicht des Guten Werth zu
schätzen, so thue wenigstens nichts Bö-
ses

279

Էյի էօրս՝ շէքիճանէն գորգմազ:

Ein guter Ambos fürchtet den Hammer
nicht.

280

Էյի շարապ մէ ակլակէր գարբ՝ Թաթլը վէհէրէ
պէնկէրլէր:

Ein guter Wein und ein reizendes Weib
gleichen einem süssen Gifte.

281

Էվլատը օլմայանըն պիր տէրտի վար․ Էվլա֊
տը օլանըն պին տէրտի։
Hat man keine Kinder, so ist es ein
Schmerz, hat man Kinder so sind es tausend.

282

Էքմէյին եօղ բասա՛ սուլթան կիպի կէչինմէ։
Hast du kein Brot, so lebe nicht wie ein
Sultan.

283

Էօլմիւշ գոյուն գուրտտան գորգմազ։
Das todte Schaf fürchtet den Wolf nicht.

284

Էօլիւմնէն էօթէյէ գեօյ եօք էա։
Jenseits des Todes gibt es kein Dorf.

285

Էյիլա ագըլընըն ուստատը օրը․ Թէհլիքէ֊
տէլինին ուսթատը օրը։
Rath ist des Verständigen Meister, Verlust
der des Narren.

286

Ոքախուզէ հքմհք վներէն եոք. էօյիւտ վներէն
հօք:

Keiner gibt der Waise Brot, doch viele guten Rath.

287

Ոքախուզէ տնւմիշչէր՝ նինչին ապարսըն. կեւտիւղիւմ՝ վա՞ր մը տնւմիշ:

Man sprach zur Waise: Warum weinst du?
Die Waise sprach, Was sollt' ich lachen?

288

Չարրղան քեօվէկ տիշինի կեոսթերմէղ:

Der bissige Hund zeigt seine Zähne nicht.

289

Թ՛ամահքեար տտեմէ ալթըն՝ գան ըլա ճան
տըր:

Für den Geizigen ist das Gold Blut und
Seele.

290

Թ՛աթըլ տիւ եըլանը տնւլիքտւէն շըդ աըըր:

Das gute Wort bringt die Schlange aus der
Höhle.

291

Թամահքեարըն չէր մառլահաթը նիզայըլա
պիթէր։

Alle Geschäfte des Geizigen enden mit
Zank.

292

Թէմպէլ աւամ տիզպաղ օլուր․ ույանըզդ ա֊
ւամ սաղըր օլուր։

Der Faulpelz ist ein Schwätzer, der Auf-
geweckte aber taub.

293

Թիւթիւն իչմէք՝ պիր քէօթիւ արպատաշտան
էյի տիր։

Besser Tabak rauchen als ein schlechter
Freund.

294

Թիւթիւնի չօղ՝ քէապապըազ։

Bei viel Tabak ist wenig Braten.

300

ինատն՝ ինսանըն երեսինէ պադար. Աղղահ՝
ինսանըն էիւրէյինէ։

Der Mensch sieht des Menschen Gesicht,
Gott sein Herz.

301

ինսանըն կէօզլէրի աչըգ օլմասը վարա էթ֊
մէզ, էյէր ֆիկըրի քէօր օլուրսա։

Ist des Menschen Verstand trübe, so scha-
det es nicht, wenn auch die Augen nicht
offen sind.

302

ինսան ալիր ատ իչիւն եաշար։

Der Mensch lebt allein wegen der Ehre.
(des Namens).

303

ինսանըն սօֆուսու, շէյթանըն մասգարասը։

Des Menschen Narrheit ist des Teufels
Spott.

304

Իշիթմէյէ կելիրսէ՛ իխտիտաքի սէն օլ. սէօյ֊
լէմէյէ կելիրսէ՛ սօնունՃունու սէն օլ։
Gilt's zu hören, sei der erste, der letzte,
wenn's zu reden gilt.

305

Իշտէն՛ վէ զիյատէ զափթուէն զէնկին օլու֊
նուր։
Durch Fleiss und mehr noch Sparsamkeit
wird man reich.

306

Իշիթ տէ ինանմա։
Höre zu, glaube nicht.

307

Իքի զըպլէյէ թափանատ մին էօք։
Wer zwei Kibla's verehrt, ist ungläubig.

308

Իքի խօրօզ պիր շէօփլիւքթէ էօթմէզ։
Zwei Hähne krähen nicht in einem Ge-
büsch.

309

Իքի տեֆա չուգուրա ուիւշէն՝ սաֆիհ տեղի
ատր:

Wer zwei mal in das Loch fällt ist ein echter
Narr.

310

Իքի իշ քեօֆեյն վերկի ատր․ հէմ էքմէք եէր,
հէմ գույրուգունու սալլար:

Zwei Dinge thut der Hund zugleich; er
frisst das Brot und wedelt mit dem
Schwanze.

311

Իքի կէօնիւլ պիր օլտուգման սօնկրա, սաֆ
մանլըղ՝ սէյրան զէֆք եէրի օլուր:

Sind zwei Herzen eins geworden, so ist
ihnen auch der Speicher ein Verguügungs-
ort.

312

Լաղըմա թաշ ատմա, իւսթիւն քիրլէնիր:
Wirf in die Gosse keinen Stein, sonst wirst
du beschmutzt.

313

Կէնչլիքտէ եօլիւմ, փիրլիքտէ եօգսուլլուգ,
չօգ միւշքիւլ շէյ:

In der Jugend der Tod, im Alter die Noth,
das sind sehr bittre Dinge.

314

Կէօնիւլ պիր սէօհպէթ իլէ գըրըլըր, այն
սէօհպէթ իլէ եափըլմազ:

Ein Herz wird in einem Gespräch gebrochen und in tausend nicht geheilt.

315

Կիւզէլի կէօրտիւքտէ՝ Խիւտայէ չէ համտ
անէնա էյլէ:

Wenn du etwas Schönes siehst, sage Gott
zweimal Dank.

316

Կիւզէլէ պագմագ սէվապ տըրը:

Schönes zu betrachten ist ein gutes Werk.

317

Կիւլ Թիքէնսիզ, մուհապէթ ենկէլսիզ օլմազ:

Keine Rose ohne Dornen, keine Liebe ohne
Nebenbuhler.

318

Կիւնեշի կէօրմէյէն, կիւնէշին գըյմէթին
պիլմէզ։

Wer die Sonne nicht gesehen, kennt auch
nicht der Sonne Werth.

319

Կիւնտիւզ ույումա, կէճէ սու իչմէ, հէքիմէ
միւհթաճ օլմա։

Am Tage schlaf nicht, in der Nacht trink
kein Wasser, dann brauchst du keinen
Arzt.

320

Հավլայան քէօփէքտէն գորքմա. հավլամա_
յանտան էօտիւն գօրխուն։

Den Hund, der klefft, fürchte nicht, sondern
den der nicht bellt.

321

Հէր աղաճ՝ քէնտի մէյվէսինտէն թանըլըր։

Jeder Baum wird an seinen Früchten er-
kannt.

322

Հեր կէջէնին պիր կիւնաւիւգիւ, վէ հէր գը-
շըն պիր եազը օլուր:

Jeder Nacht folgt ein Tag, jedem Winter
ein Sommer.

323

Հեր նէ գըատր օլսա ինսանըն շանը՝ ագըպէթ
պիր թաշ օլր ծնունն նըշանը:

Wie gross eines Menschen Stellung auch
ist, schliesslich ist ein Stein sein Denk-
mal.

324

Հեր շէյի պիլէրիմ տէյէն՝ պիր շէյ պիլմէզ:

Wer sagt: Ich weiss Alles, der weiss gar
nichts.

325

Մէյվէսիզ աղաճա թաշ աթմազլար:

Nach einem Baume ohne Früchte wirft man
keinen Stein.

326

Շարապ վէ ավրատ՝ եիխմաթբարը ղօրագա էր
աէրլէր:

Wein und Weib machen den Weisen zum
Rebellen.

327

Շարապըն եակխսի՝ տուսթուն եակխսինտէն էյի
տիր։
Alter Wein ist besser als ein alter Freund.

328

Ուզագտան տավուրըն ախսի թաթըլ կելիր։
Aus der Ferne ist der Ton der Trommel
lieblich.

329

Ուզուն ատամ, գապա սագալ, իւէ կէօզիւ
պէօյիւք՝ ահմագ օլուր։
Ein langer Mensch mit starkem Bart und
grossen Augen ist dumm.

330

Չօգ եէյէնտէ սաղլըգ օլմազ. չօգ ույուեան
աա ապըլ օլմազ. — չօգ սէօյլէյէնտէ կէր-
չէք օլմազ։
Ein starker Esser ist nicht gesund, ein grosser Schläfer nicht gescheidt, ein grosser
Schwätzer ist nicht wahr.

Man muss an einem Buche die beiden Seiten lesen.

336

Ո՛ր տատանճն տար շքզաճապընա վէօղիւ շքդ֊ ս֊ն տա՛ն էյի տիր:

Besser ist es eines Menschen Auge als seinen Ruf verderben.

337

Ո՛ր նալըմէզ վար, իՖ նալ ըլան սիր էշէյէ գալագ֊

Ein Hufeisen ist da, es fehlen uns noch drei nebst dem Esel.

338

Ո՛ւ սիֆնէանըն էվվէզէնի սէ սիւշիւն՛ սիֆ֊ ըֆնֆ տա:

Denk an den Anfang und an das Ende dieser Welt.

339

Սագալ՛ պաշա գուբպան օզսուն:

Der Bart falle als Opfer für den Kopf.

340

Ստամպօլուն եանկէնը՝ մալընը այրէ, հաստալէղը՝ ճանընը այրէ, դարբընը՝ աստմէն
ապլէնը այրէ:

Die Stambuler Feuersbrunst verzehrt dein
Hab'und Gut, seine Krankheit raubt das
Leben, seine Frauen den Verstand.

341

Սայըլը փարա թէվ թիւքէնիր:

Gezähltes Geld schwindet schnéll.

342

Սաչընը պերպէր ույքքէանընտա սրազմայըլա՝ պերպէրին հագգը էօտէնմէզ:

Man bezahlt den Barbier nicht, wenn man
die Haare in seiner Bude lässt.

343

Սապահ երքէն դալգանըն հէր իշի րրասա
կիտէր:

Wer am Morgen früh aufsteht, dem geht
Alles flink von Statten.

344

ՍեԼ կիտէր, գումու գալբր. աշՁէ կիտէր՝ քէսէ գալբր. ինսան կիտէր՝ նամը գալբր։
Der Strom geht, sein Sand bleibt; das Gelb
geht, sein Beutel bleibt; der Mensch geht,
sein Name bleibt.

345

Սույուն ագարքնա կիթմելի։
Man muss mit dem Strome schwimmen.

346

ՍորուՁու օԼ քի պելիՁի օլասքն։
Frage damit du weisst.

347

Վագրբթ կեպե տիր. նեԼէր տողուբուբ։
Die Zeit ist schwanger, was wird sie gebären?

348

Վագրբթսըզ եվե կեԼեն, պապամը սորմազ՝ հելպեթ աննամը սորար։
Wer zur Uuzeit in's Haus kommt fragt
nicht nach meinem Vater sondern gewiss
nach meiner Mutter.

349

Վերեսիյե շարապ խէն՝ էքի աեֆա սերհոշ օլուր:

Wer Wein auf Borg trinkt, wird doppell trunken.

350

Վիւզարենին կէօնի օլունճա, ֆուգարենին ճանը շըգար:

Be or der Vezir angekleidet ist, sind die Armen gestorben.

351

Տիլինի զապթ էտէն՝ պաշընը գուրթարըր:

Wer seine Zunge zügelt, schützt seinen Kopf.

352

Տիւմանսըզ աէֆ օլմազ:

Ohne Nebel gibt es kein Grünfutter.

353

Տամլա տամլա կէօլ օլուր:

Tropfen und Tropfen wird es ein See.

354

Քեօֆէյին ազգընը գափալը թութան քեսմէ
տիր:

Es ist der Knochen, der dem Hunde das
Maul zuhält.

355

Քեօֆէք օլալը պիր ավ էթտի:
Seit er Hund ist, hat er einmal ein Wild er-
legt. (Gesagt von dem, der nach langem
Misserfolge, einmal Glück hat).